CATALOGUE D'ESTAMPES.

PIERRE PAUL RUBENS.

SUJETS

DE

L'ANCIEN TESTAMENT.

Nº. Quantités.

1   2   LA Chûte des Anges, par *L.* Vosterman.

     S. Michel, par *A. Melar.*

2   2   La même Chûte des Anges, par *L. Vosterman.*

     Un autre S. Michel.

3   2   La même Chûte, par *L. Vosterman.*

     Chûte des Réprouvés, en deux feuilles, par *P. Soutman.*

A

3	4	1	Autre Chûte des Réprouvés, en deux feuilles, par *Snyderhoef*.
15	5	1	La même.
6 . 15	6	1	Autre Chûte, par *van Orley*.
12	7	1	La même.
8	8	3	Loth fortant de Sodome, par *Vofterman*.
			Loth avec fes Filles, par *van Leeuw*.
			La contre-épreuve de cette piece.
4	9	3	Les mêmes Sujets, par *L. Vofterman*, *van Leeuw*, & *Swanenburgh*.
14	10	2	Le Serpent d'Airain, par *S. A. Bolfwert*.
			La Rencontre de Jacob & d'Efaü, par *P. de Bailliu*.
15	11	2	Les mêmes.
6 . 5	12	2	Les mêmes.
5 . 15	13	2	La Chafte Sufanne, par *L. Vofterman*.
			Le même Sujet, par *P. Pontius*.
2	14	2	Les mêmes.
5 . 10	15	1	La Chafte Sufanne, en taille de bois, par *C. Jegher*.
18	16	1	Daniel dans la Foffe aux Lions, par *van Leeuw*.
14 . 10	17	2	Même Sujet, par *van Leeuw*.
			Un autre, par *Blooteling*.
5 . . 5	18	1	Judith coupant la Tête d'Holopherne, par *C. Galle*.

19	3	La même.	5 . 15
		Deux autres.	
20	1	Esther devant Assuérus, par R. Col-lins.	14
21	1	Le Jugement de Salomon, par A. Bolswert.	12 . 10
22	2	Rencontre d'Abigail & de David, par A. Lommelin.	1 . 6
		La contre-épreuve de cette pièce.	
23	3	La même.	9
		Deux autres.	
24	4	Dalila qui coupe les Cheveux à Samson, par J. Matham.	6
		Job affligé par les Diables, par L. Vosterman.	
		Le Sacrifice d'Abraham, par A. Stock.	
		Autre, par Galle.	
25	1	Sennacherib, par Soutman.	20
26	3	Deux Sujets de Job, l'un par Vosterman ; & l'autre par Krafft.	5 . 10
		Une Judith, par A. Voet Jun.	
27	8	Sept Sujets, par Panneels.	4
		Un autre.	
28	1	Le Sacrifice de Melchisedech, en deux feuilles, par Jac. Neef.	12
29	1	Le même Sacrifice.	15 . 10
30	2	Le même Sujet, par H. Witdouck.	14
		Elie dans le Désert, par C. Lauwers.	
31	2	Les mêmes.	10

SUJETS

DU

NOUVEAU TESTAMENT,

D'APRES P. P. RUBENS.

LE Mariage de la Vierge, par *S. A. Bolfwert.*

L'Annonciation, par *F. de Steen.*

Les mêmes sujets, par *S. A. Bolfwert.*

Les mêmes.

La Visitation, épreuve point finie, par *P. de Jode.*

Là même, épreuve finie.

La contre-épreuve de cette piece.

La même sans contre-épreuve.

Nativité, Tit. *Salvator Nofter dilectiffimi &c.* par *Witdoeck.*

La même.

Autre Nativité, par *S. A. Bolfwert.*

La contre-épreuve de cette piece.

Une Nativité, en deux feuilles. Tit. *Et Verbum Caro factum eft &c.* par *Langot.*

Une Nativité, par *P. Pontius.*

La contre-épreuve de cette piece.

La même, par *P. Pontius.*

Une autre, par *L. Vosterman.*

44 2 Les mêmes.   3

45 1 Une Nativité. Ded. *Nobilissimo* 12 . 10
   Amplissimo &c. par *L. Voster-*
   man.

46 1 La même.   8 . 5

47 1 La même.   11 . 5

48 3 Une Nativité. Tit. *Virgo quem ge-* 11 . 5
   nuit Adoravit, par *S. A. Bolf-*
   wert.

   Autre, par *Panneels.*

   Une Adoration des Rois, par *Lom-*
   melin.

49 3 La même Nativité, par *S. A. Bolf-* 8 . 5
   wert.

   Deux Adorations, une par *Eynhou-*
   edts, & l'autre par *Lommelin.*

50 2 Une Adoration des Rois, par 4.3
   Lommelin.

   La contre-épreuve de cette pièce.

51 1 Une Adoration des Rois. Ded. *Se-* 13
   renissimo Maximiliano utriusque &c.
   en deux feuilles, par *L. Voster-*
   man.

52 1 La même.   4 . 10

53 1 La même.   3 . 10

54 2 Une Adoration des Rois, par *Ryck-* 6
   mans.

   La contre-épreuve de cette pièce.

55 2 Les mêmes.   8 . 10

56 2 Deux Adorations des Rois, l'une 5

par *Ryckmans*, & l'autre par *Witdouck*.

6 . 57   1 Une Adoration des Rois. Ded. *Sereniſſimo & Potentiſſimo Alberto* &c. par *L. Voſterman*.

6 . 58   1 La même.

17 . 59   1 Une Adoration. Tit. *Intrantes domum Invenerunt* &c. par *N. Lauwers*.

7 . 10 . 60   1 La même.

6 . 5 . 61   1 La même.

9 . 15 . 62   2 Deux Adorations, l'une par *Witdoeck*, & l'autre par *Bolſwert*.

8 . 15 . 63   2 Les mêmes.

4 . 64   3 Une Adoration des Rois par *Lommelin*.

    La contre-épreuve de cette piece.

    Autre Adoration, par *Galle*.

8 . 10 . 65   4 Quatre Adorations des Rois, par *Lommelin*, *Bolſwert*, *Galle* & *Paneels*.

8 . 19 . 66   2 La Circoncision, par *Lommelin*.

    La Fuite en Egypte, par *Marinus*.

6 . 14 . 67   1 La Fuite en Egypte, par *Marinus*.

9 . 68   1 Le repos en Egypte, par *Jegher*, en claire-obſcur.

4 . 69   2 Les mêmes Sujets, l'une par *Jegher* & l'autre par *Galle*.

7 . 15 . 70   2 Deux Retours d'Egypte, l'un par S. A. *Bolſwert* & l'autre par *Voſterman*.

71 2 Les mêmes. 3 . 15

72 3 Un idem, par *Vofterman.* 4 . 8
Deux autres.

73 1 Le Maffacre des Innocens, en deux 22
pieces, par *P. Pontius.*

74 1 La même Eftampe. 17

75 1 La même. 17

76 1 La même. 7 . 5

77 1 La Préfentation au Temple, par 6
P. Pontius.

78 1 La même. 10 . 10

79 2 La même. 8 . 10
La contre-épreuve de cette piece.

80 3 La Préfentation au Temple. 3 . 15
Le Baptême de J. C. par *Panneels.*
La Tentation de J. C. dans le Dé-
fert, par *Jegher.*

81 3 Le Baptême de J. C. par *Paneels.* 4 . 15
La Tentation de J. C. dans le Dé-
fert, par *Jegher.*
Herodiade tenant la Tête de S.
Jean dans un Baffin, par *Pan-
neels.*

82 1 Le Feftin d'Herode, on lui préfen- 10
te la Tête de S. Jean Baptifte,
par *S. A. Bolfwert.*

83 1 Le même Feftin. 7 . 15

83 2° 2 Le même. 8
Le Boureau qui donne la Tête
de S. Jean à Herodiade, par
S. A. Bolfwert.

6 1083 3° 2 Les Mêmes.

6 . 584 3 Le Tribut de Cézar, par *L. Vosterman.*

La Pêche du Poisson pour payer le
Tribut.

La Pêche miraculeuse , par *Soutman.*

5 . 1585 3 Les mêmes.

10 86 2 Le Tribut de Cézar, par *L. Vosterman.*

La Pêche du Poisson, par *N. Lauwers.*

10 . 1587 1 La Pêche miraculeuse, en trois piè-
ces, par *S. A. Bolswert.*

8 . 588 1 La même.

6 89 2 Le Tribut de Cézar, par *L. Vosterman.*

J. C. qui donne les Clefs à S. Pierre,
par *P. de Jode.*

6 . 590 3 J. C. donnant les Clefs à S. Pierre,
par *P. de Jode.*

La Magdelaine chez le Pharisien,
par *Mich Natalis.*

La même , par *Panneels.*

7 . 1091 3 Les Mêmes.

10 . 1092 1 La Résurrection du Lazare, par *B.
A Bolswert.*

6 . 93 1 La même Résurrection.

2 . 594 1 La même.

1 95 1 La même.

3 . 596 2 Une Tête de Christ dans un Ovale, par *P. Pontius.*

Le Lavement des Pieds, par Lommelin.

97	1	La Cêne, par *B. A. Bolſwert.*	4 . 10
98	1	La même.	8 . 10
99	1	La même.	9 . 10
100	1	Autre Cêne de *Leonardo d'Avin-* ci, par *P. Soutman.*	9 . 6
101	1	La même.	4 . 6
102	1	La même.	7 . 6
103	1	La même.	7
104	3	Trois différens Sujets de J. C. au Jardin des Olives, par *de Bail-liu, A Coget,* & par *A. Melar.*	3 . 15
105	3	Les mêmes.	4 . 6
106	2	Deux Flagellations, une par *P.* *Pontius,* l'autre ſans nom de Graveur.	4 . 10
107	3	La Flagellation, par *P. Pontius.* Un Ecce Homo, par *Galle.* Une Tète d'Ecce Homo, par *P. Dannoot.*	6
108	1	Un grand Ecce Homo, par *N.* *Lauwers.*	9 . 10
109	1	La même Eſtampe.	10 . 10
110	2	Le méme Sujet, par *S. A. Bolſ-* wert. La contre-epreuve de cette piece.	5 . 5
111	1	Le Portement de Croix, par *P.* *Pontius.*	9
112	1	Le même portement de Croix,	9
113	1	Le même.	12 . 10

16   114   1   L'Elévation de la Croix, en trois feuilles, par *H. Witdoeck.*

17 . 10 115   1   La même.

18 . 10 116   1   La même.

9   117   3   Un Crucifix, par *S. A. Bolswert.*
     Un autre, par *Soutman.*
     Un autre sans nom de Graveur.

14 . 10 118   1   Un Christ avec deux Larrons, & à qui on perce le Côté. Tit. *Jesus Crucifixus venerunt &c.* par *B. A. Bolswert.*

11   119   1   Le même Christ.

8   120   1   Un Christ avec les deux Larrons. Tit. *Et Latrones unum a dexteris &c.* par *S. A. Bolswert.*

9   121   1   Le même.

12   122   1   Le même avec le fond blanc.

7 . 1 123   1   Un Christ où S. Jean met la main sur l'épaule de la Vierge, par *J. Neeffs.*

9 . 10 124   1   Le même Christ.

8 . 5 125   1   Un Christ Communement nommé aux coups de Poing. Tit. *Clamans voce magna &c.* par *P. Pontius.*

5   126   1   Le même Christ.

7 . 15 127   1   Le même.

6 . 10 128   2   Un Christ. Tit. *Predicamus Christum &c.* par *S. A. Bolswert.*
     La contre-épreuve de cette pièce.

16 . 10 129   2   Deux Sujets de Christ, l'un par

S. A. Bolſwert, & l'autre par P.
van Sompelen.

130　2　Les mêmes.

131　2　Deux Chriſt, l'un par *Bolſwert.*
　　　　& l'autre par *L. Voſterman.*

132　2　Les mêmes.

133　1　La Deſcente de Croix, par *L. Voſ-*
　　　　terman.

134　1　La même.

135　2　La même.
　　　　La contre-épreuve de cette piéce.

136　2　Une Deſcente de Croix, par *Wau-*
　　　　mans.
　　　　Une autre, par *L. Voſterman.*

137　2　Deux Deſcentes de Croix, l'une
　　　　par *Waumans,* & l'autre *N. Lau-*
　　　　wers Excudit.

138　1　Une Deſcente de Croix, par *P.*
　　　　Clouwet.

139　1　La même.

140　1　La même.

141　1　J. C. au Tombeau, par *P. Pon-*
　　　　tius.

142　1　La même Eſtampe.

143　2　Deux Sujets de J. C. au Tombeau,
　　　　l'un par *S. A. Bolſwert,* & l'au-
　　　　tre par *C. Galle.*

144　2　Les mêmes.

145　2　Un Chriſt au Tombeau, par *J.*
　　　　Witdoeck.
　　　　Un autre, par *P. Soutman.*

10, 10 146   2 Les mêmes.

147   3 Trois Sujets de Chrift au Tombeau, par *Fragot, N. Lauwers,* & *N. Ryckmans.*

148   2 L'Apparition des Anges au Tombeau aux Stes. Femmes, par *L. Voferman.*

Une Réfurrection, par *S. A. Bolfwert.*

10   149   3 Les mêmes.

Une autre.

150   3 La Réfurrection, par *S. A. Bolfwert.*

L'Apparition à la Vierge, par *E. van Panderen.*

Une Apparition à la Magdelaine, par *F. van de Wygaerde.*

151   2 L'Apparition de J. C. à la Vierge, par *E. van Panderen.*

J. C. donnant les Clefs à S. Pierre, par *de Jode.*

152   1 Les Pélérins d'Emaus, par *H. Witdoeck.*

153   1 La même Eftampe.

154   1 La même.

155   1 La même en claire-obfcur.

156   4 Trois différens Emaus, *van Sompelen, Swanemburg* & *Lommelin.*

Une Apparition de J. C. à la Magdelaine.

157　4　Trois idem.
　　　J. C. donnant les Clefs à S. Pierre,
　　　　par *F. Eifen.*
158　3　Trois différens Sujets où J. C. don-
　　　ne les Clefs à S. Pierre, par *P.*
　　　de Jode, Eifen, & par *P. Sout-*
　　　man, d'après Raphael d'Urbin.
159　3　Une Afcenfion, par *S. A. Bolf-*
　　　wert.
　　　Une Ste. Trinité, par *le même.*
　　　Une Pentecôte.
160　2　La Defcente du S. Efprit, par *P.*
　　　Pontius.
　　　La contre-épreuve de cette piece.
161　2　La même Defcente du S. Efprit.
　　　L'Afcenfion de J. C. par *S. A.*
　　　Bolfwert.
162　1　La Converfion de S. Paul, par *S.*
　　　A. Bolfwert.
163　1　La même.
164　2　La même.
　　　La contre-épreuve de cette piece.
165　3　Trois Sujets de la Ste. Trinité, par
　　　S. A. Bolfwert, par *Vofterman*
　　　Jun. & l'autre fans nom de Gra-
　　　veur.
166　3　Trois différens Sujets des Peres de
　　　l'Eglife, par *van Daelen Jun.*
　　　C. Galle & *R. Eynhouedts.*
167　3　Deux Sujets des Peres de l'Eglife,
　　　par *van Daelen* & *C. Galle.*

182   2 Le Jugement dernier, en deux feuil- 14
les, par *C. Viſſcher.*

Des Anges dans une Gloire, dont
les uns jouent des Inſtrumens
& les autres chantent, ſans nom
de Peintre ni de Graveur.

182 2° Les Plafonds de l'Egliſe des RR. 23. 10
PP. Jéſuites d'Anvers, en dix-
huit feuilles, par *J. Punt.*

SUJETS
DE
VIERGE,

D'APRES P. P. RUBENS.

183   4 L'Immaculée Conception, par 5 , 1
S. A. Bolſwert.

Deux Couronnemens de la Vierge,
l'un par *Pontius,* & l'autre par
Jeghers.

Une autre.

184   3 Deux Couronnemens de la Vierge, 5
l'un par *Pontius,* & l'autre par
Lommelin.

Une Aſſomption par *le même.*

185   4 Une Aſſomption, par *Lommelin.* 3   5
La contre-épreuve de cette piece.
Deux petites.

186 1 Une Affomption. Tit. *Affumpta eft Maria in Cœlum.* par *P. Pontius.*

187 1 La même.

188 1 La même.

189 2 Une Affomption, Ded. *R. P. Guardiano FF. Minorum &c.* par *S. A. Bolfwert.*

La contre-épreuve de cette piece.

190 2 Les mêmes.

191 1 Une Affomption, par *Witdoeck.*

192 1 La même.

193 2 La même.

La contre-épreuve de cette piece.

194 1 Une Affomption. Tit. *Magnifico & Clariffimo &c.* par *S. A. Bolfwert.*

195 2 La même.

La contre-épreuve de cette piece.

196 1 La même Affomption, par *S. A. Bolfwert.*

197 1 La même

198 1 La même.

199 3 Deux Affomptions, l'une par *Panneels*, & l'autre par *Lommelin.*
Une autre.

200 1 La Vierge entourée d'une infinité d'Anges, en deux feuilles, par *C. de Viffcher.*

201 1 La même.

202 1 La même.

203 1 Une Vierge sur un Piedestal avec 9
plusieurs Saints & Saintes, par
H. Sneyers.

204 1 La même. — — 8

205 1 La même. — — 18 , 10

206 2 La même. — — 13 . 5
Le même Sujet, par *R. Eynhoüedts.*

207 1 Une Vierge dans une Niche, avec 9 , 5
des Enfans qui tiennent des Guir-
landes de Fruits, par *C. Galle.*

208 2 Ste. Famille où l'Enfant Jésus & 8 , 5
S. Jean carressent un Mouton,
par *S. A. Bolswert.*
Une autre.

209 3 La même St. Famille. — — 8 , 10
Deux Autres

210 2 Une Ste. Famille où l'Enfant Jé- 7
fus carresse la Ste. Vierge, par *S.*
A. Bolswert.
Le même Sujet par *Pontius.*

211 4 La même, par *S. A. Bolswert.* 5 , 16
Trois autres.

212 4 La même. — — 4
Trois autres.

213 2 Ste. Famille, où l'Enfant Jefus 7
tient un Oifeau, par *S. A. Bolf-*
wert.
Une Vierge foutenue par des Anges, dont un lui tire un Glai-
ve du cœur, par *van Leeuw.* 5 , 5

214 2 Les mêmes.

B

6 .215 2 La Ste. Vierge que l'Enfant Jésus embraffe, par S. A. Bolfwert.
Le même Sujet, par J. Snyderhoef.

7 216 2 La même, par S. A. Bolfwert.
Une autre.

8 217 2 Ste. Famille où la Vierge donne le Sein à l'Enfant Jésus, par Witdoeck.

Une autre où il y à un Perroquet fur une Colomne, par S. A. Bolfwert.

5 218 3 L'Enfant Jéfus fur une Table carreffant la Ste. Vierge, par S. A. Bolfwert.

Une Ste. Famille où l'Enfant Jefus eft dans un Berceau qui carreffe S. Jean, par L. Vofterman.

Une autre où S. Jean veut ôter un Pigeon à l'Enfant Jéfus, fans nom de Graveur.

4 219 3 Les mêmes.

220 3 Une Ste. Famille ou la Ste. Vierge donne le Sein à l'Enfant Jéfus, par J. Witdoeck.

Une autre où l'Enfant Jéfus carreffe la Ste. Vierge, & Ste. Anne eft appuyée fur un Berceau, par L. Vofterman.

La Ste. Vierge avec l'Enfant Jéfus à qui les Anges préfentent

une corbeille de Fruits, par *A.*
Voet jun.

121 3 Les mêmes.   7·6 4

122 3 Les mêmes.   7·3 15

123 3 Une Vierge. Tit. *B. Mariæ Rosarii* 9·10
       par *A. Lommelin.*
       Deux Ste. Famille, l'une par *Wit-*
       doeck, & l'autre par *M. Lasne.*

124 5 Differens Sujets de Vierge.   4·15

125 22 Autres.   3·13

S U J E T S

D E

SAINTS ET SAINTES.

D'APRES P. P. RUBENS.

226 1 SAint Roch, Tit. *Sanctæ Roche* 10
       &c. grande piece par *Pontius.*

227 1 La même Estampe. ——   9·10

228 1 La même.   —   8

229 1 Le Martyre de S. André, par *A.* 12
       Voet jun.

230 1 Le même Sujet d'une autre gravu- 8·10
       re, *Jan Dirickx exc. Antv.*

231 1 Le Martyre de S. Thomas, par 10
       Jacq. Neefs.

232 1 Le même Martyre.   8·10

233 1 Le Martyre de S. Livin, par *C.* 9·10
       van Caukerken.

14 . 10 234   2 Le même.

        La contre-épreuve de cette pièce.

15 . . 235   1 Le Martyre de Ste. Catherine. Tit.
        Sancta Catharina Virgo & Martyr paſsa &c. par *van Leeuw.*

17   236   1 Le même Martyre.

11   237   3 Le même.

        Deux autres, l'une par *Panneels,* & l'autre par *L. Voſterman.*

11 - 10 238   2 Le Tableau ſimbolique du Tombeau de Rubens, par *P. Pontius.*

        Idem en petit.

12 . 10 239   2 Les mêmes.

9 . 15 239 2°   2 Les mêmes.

21 . 10 240   2 S. Ignace Exorciſant, par *Marinus.*

        S. François Xavier Reſſuſſitant un Mort, par *le même.*

17   241   2 Les mêmes.

2 . 2 242   1 S. Bavon qui diſtribue des Aumones, par *F. Pilſen.*

1 . 10 243   1 Le même.

7 . 5 244   2 Ste. Cecile, par *J. Witdoeck.*
        Ste. Barbe, par *L. Voſterman.*

6 . 5 245 .   2 Ste. Cecile, par *S. A. Bolſwert.*
        S. Chriſtophe, par *R. Eynhouedts.*

12   246   4 S. Catherine, par *S. A. Bolſwert.*
        Ste. Barbe, par *le même.*
        Autre Ste. Catherine, gravée par *Rubens.*

S Pierre & S. Paul fous deux Por-
  tiques, par *R. Eynhouedts.*

247 4 Les mêmes.   —   —   *8*
248 S. François d'Affife qui reçoit la Com- *6 . 15*
  munion, par *N. Sneyers.*
249 2 Le même S. François.   —   *5 . 10*
  La contre-épreuve de cette piece. — —
250 1 S. Juftin Martyr portant fa Tête, *5 . 10*
  par *J. Witdoeck.*
251 1 Le même S. Juftin.   *4 . 15*
252 3 S. Ildephonfe Archevêque de Tole- *20*
  de, par *H. Witdoeck.* avec les
  deux Portraits d'Albert & Ifabelle, par *Harrewin.*
253 1 La même Eftampe fans les Por- *16*
  traits.
254 1 La même.   —   —   *12 . 10*
255 1 La même.   —   —   *13 . 10*
256 2 Le Mariage de Ste. Catherine, par *7 . 10*
  P. de Jode.
  La Magdelaine foulant aux pieds
  fes Bijoux, par *L. Vofterman.*
257 2 Les mêmes.   —   *4 . 5*
258 1 S. François qui reçoit les Stigmates, *6 . 5*
  par *L. Vofterman.*
259 2 Le même avec une Copie. — — *4 . 15*
260 2 Le Martyr de S. Laurent, par *L.* *6 . 5*
  Vofterman.
  S. Philippe Nery, par *C. Galle.*
261 2 Les mêmes.   —   *4 . 15*
262 2 Le même S. Laurent & Ste. An- *6 . 5*
  ne, par *S. A. Bolfwert.*

263 2 Les mêmes.
264 3 Les mêmes.
Une autre.
265 2 S. Antoine mourant, par *P. Clauwet.*
S. François par *C. Viſſcher.*
266 3 Les mêmes.
Le Sacre d'un Evêque, par *P. Soutman.*
267 3 Trois S. François, par *N. Laſne, C. Deviſſcher & C. Galle.*
268 3 Ste. Thereſe priant pour délivrer les Ames du Purgatoire, par *S. A. Bolſwert.*
St. Auguſtin, par *A. Voet jun.*
Un petit, par *J. Neefs.*
269 3 La même Ste. Thereſe.
La contre-épreuve de cette piece.
Un S. François, par *N. Laſne.*
270 4 Les mêmes Ste. Thereſe & S. François.
Deux petites Ste. Thereſe, l'une par *P. van Schupen.*, & l'autre par *C. Galle.*
271 2 S. Ignace, par *S. A. Bolſwert.*
S. François Xavier, par *le même.*
272 2 Les mêmes.
273 3 S. Joſeph Protecteur du Mont-Carmel.
S. François Xavier & S. Ignace enſemble, par *S. A. Bolſwert.*

S. François de Paule , par *N. Lafne.*

274　Six différens Sujets de Saints. 3 . 10

275　Six idem. 2 . 16

276　4 L'Enfant Jéfus & S. Jean qui jou-
　　　ent avec un Mouton , par *C Je-*
　　　gers.

　　　Le même Sujet, par *C. Galle.*

　　　La mort de la Ste. Magdélaine , par
　　　　P. de Bailliu.

　　　une Ste. Therefe.

277　4 Les mêmes. 6

278　10 Sujets de Saints.

279　14 Les douze Apôtres, avec le Chrift, 12 . 10
　　　par *N. Ryckmans.*

280　14 Autres même Sujets. *G. Donck* ex- 4 . 10
　　　cudit.

281　15 Les mêmes , par *S. A. Bolfwert,* 6 . 10
　　　en 15. pieces y compris le titre.

282　15 Les mêmes.

283　10 Les quatre Evangeliftes, par *Lom-* 2 . 14
　　　melin.

　　　Six autres fujets , par *P. Clauwet.*

284　4 S. Ambroife fujet Allegorique, par 4
　　　R. Eynhoucdts.

　　　Ste. Agnes , par *Panneels.*

　　　Une Magdelaine , gravée à l'eau
　　　forte par *Rubens.*

　　　Une Tête de Chrift , par *P. Dan-*
　　　noot.

285　41 Petits Sujets de Saints , la plus 20
　　　part gravés par *S. A. Bolfwert.*

SUJETS

DE

LA FABLE,

HISTORIQUES,

ALLEGORIQUES,

ET DIFFERENTES SUITES,

D'APRES RUBENS.

286 4 UNe Assemblée des Dieux, par L. *Vosterman jun.* en ovale.
Jupiter & Junon, par *Panneels.*
Une Femme qui dort & un Satyre qui regarde, par *le même.*
Une petite figure de Femme qui donne a boire à un Aigle, par *le même.*

287 5 Les mémes avec une Daphné, par *Panneels.*

288 2 Ixion découvert par Junon, par P. *van Sompel.*
Bauce & Philemon.

289 2 Les mêmes.

290 1 Venus fur les Eaux, Tit: *Venus orta Mari.*, par P. *Soutman.*

291 1 La même.

292 1 Triomphe de Venus, par P. *de Jode.*

293 1 Le même Triomphe de Venus. 9

294 5 Le Festin des Dieux, par *van den*
Wyngaerde. 1) . 10

La même Estampe enluminée.

Venus allaitant les Amours, par
C. Galle.

Venus tenant un Miroir, par *Panneels.*

Venus qui regarde Adonis mort,
par *le même.*

295 2 Le même Festin des Dieux. 8 . 10

Le Jugement de Paris, par *A. Lommelin.*

296 3 Diane & les Chasseuses dormantes, 16
par *J. Louis.*

La Hure du Sanglier de Méleagre,
par *Panneels.*

La contre - épreuve de cette piece.

297 3 Les mêmes. 10 . 6

298 1 Les trois Graces, par *P. de Jode.* 8 . 5

299 1 La même. 7 . 15

300 5 Le Ravissement de Proserpine, par 7 . 10
P. *Soutman.*

La contre - épreuve de cette piece.

Trois Figures de Femmes habillées
qui paroissent représenter les trois
graces, sans nom de graveur.

Venus tenant un Miroir, par *Panneels*

Bauce & Philemon.

301 5 Le Ravissement de Proserpine, par 15
P. *Soutman.*

Les mêmes trois figures de Femmes.
Deux Sujets de Meleagre, l'un par *C. Blomart* , & l'autre par *J. Meyssens.*
Une Affiete dont le milieu repréfente un Triomphe de Galaté, avec un Pot &c. par *J. Neefs.*

12	302	1	La Tête de Cyrus plongée dans le Sang, par P. *Pontius.*
12	303	2	La même.
			La contre-épreuve de cette piece.
4	304	2	Les mêmes.
6	305	1	Une Charité Romaine, par *C. van Caukerken.*
4 . 5	306	2	La même.
			Le même Sujet par *Panneels.*
8 . 5	307	3	Une Charité Romaine, par *A. Voetjun.*
			Le même Sujet, par *Panneels.*
			Un Sujet de Tribunal de Justice, par *R. Eynhouedts.*
5	308	1	La Continence de Scipion, par *S. A. Bolsvert.*
3 . 15	309	1	La même.
4 . 5	310	2	La même.
			La contre-épreuve de cette piece.
6 . 15	311	1	La Bataille de Constantin contre Maxence.
5 . 15	312	1	La même.
5 . 5	313	1	Autre Bataille de Constantin contre Maxence.
15 . 10	314	11	Un Sujet de Trophées d'Armes, à la louange de Constantin.

Le Triomphe d'Auguste dans un
Char, auquel font attellés deux
Centaures.

Le Triomphe d'un Empereur dans
un quadrige, conduit par des
Chevaux qui terraffent des Na-
tions, tous deux fans nom de
Graveur.

Huit autres Sujets d'après des An-
tiques, par *C. Galle.*

315 2 Un Sujet où eft écrit ou c'eft Venus, ou c'eft Diane, en ovale,
par *H. J. Thomaffin.*

Le même Sujet en quarré d'un fens
contraire, *J. Wolf exc. Aug. Vind.*

316 1 Le Combat des Amazones en fix
pieces, par *L. Vofterman.*

317 1 La même Eftampe.

318 1 La même.

319 6 Tmoli judicium, par *F. Pilfen.*

Une Cavalcade du Grand Turc,
par *P. Soutman.*

Quatre autres.

320 4 La même Cavalcade.

La Broyeufe de Couleurs, par *C.
Galle.*

Une Frife où les quatre Saifons font
repréfentées, par *L. Vofterman jun.*

Une autre.

321 8 Hiftoire d'Achille en huit morceaux, par *F. Ertinger.*

14   322   8 Les mêmes.

28   323   9 Les mêmes sujets gravés en Angle-
                terre, par B. Baron, neuf pieces
                y compris le Titre.

12 . 10 324   2. Deux Sujets de l'Histoire de Dé-
                cius, Gravés à Vienne.

. 12   325   8 Six petites pieces, jeux de jeunes
                Satires & petits Enfans, par P.
                van den Avont.
              Une autre piece où il y a fix Té-
                tes de Satires, par *C. Wauman.*
              Repas & Bacchanale, où un Sol-
                dat donne des Coups d'Halle-
                barde, par *F. van den Wyngaerde.*

4 . 5 326   8 Les mêmes.
              Cinq autres.

7 . 10 327   1 Une Vieille à sa toillette, par *C.*
                Visscher.

11 . 10 328   1 Sujet de Bacchantes & de Satires,
                qui se jettent sur un Feston de
                Fruits, par *C. van Daelen.*

4 . 15 329   2 Un Bacchus soutenu par de jeunes
                Satires, par *S. A. Bolswert.*
              La contre-épreuve de cette piece.

6 . 10 330   2 Le même Bacchus.
              Un Satire qui tient une Corbeille
                de Raisins, par *A. Voet jun.*

9 . 5 331   3 Un Bacchus supporté par deux Sa-
                tires en taillé de bois, par *C. Je-*
                gher.
              Un Bacchanale, par *R. van Orley.*

Un Satire qui preſſe une grap-
pe de Raiſins , par *L. Voſter-*
man.

332 3 Les mêmes.   9   ,5

333 1 Un Sujet de Payſans qui ſe battent 10
     par *L. Voſterman.*

334 1 La même Eſtampe.   12

335 2 Un Satire qui tient une Corbeille 6
     de Raiſins , par *A. Voet jun.*

     Un retour de la Chaſſe , où ſont
     des Nimphes qui tiennent du
     Gibier , par *S. A. Bolſwert.*

336 2 Les mêmes.   5 , 5

337 1 Bacchus dormant après le Repas , 12   10
     par *F. van den Wyngaerde.*

338 2 Un Bacchus avec des Bacchantes, 6
     par *P. Soutman.*

     La contre - épreuve de cette pièce. 5

339 3 Un petit Satire qui joue de la flute, 5
     par *Prenner.*

     Autre Bacchanale , par *J. Snyder-*
     hoef.

     Autre par *Panneels.*

340 1 Silene yvre ſoutenu par des Satires, 9
     par *P. Soutman.*

341 1 La même Eſtampe.   5 , 5

342 3 Triomphe de Bacchus , par *Po-* 6 , 10
     pels.

     deux autres.

343 1 Combat dans un Repas par les 8
     Centaures , par *P. de Baillic,*

6 . 10 344 . 2 Le même.

Pomone qui tient une Corne d'a-
bondance, par *van Keſſel.*

40 . 10 345 4 Sujet où eſt écrit *Regimen* , par
De Jode.

Sujet ſur le Temps, il paroit une
figure aîlée qui tient des Verges,
par *A. Couchet.*

Sujet d'Epitaphe, par P. *Clauwet.*

Sujet allegorique qui repréſente la
Paix, l'Eloquence y eſt couron-
née par la Victoire, ſoutenue
par la Force & la Juſtice, par *R.*
Eynhouedt s

3 . 5 346 1 Progné qui montre à ſon Mari la
Tête de ſon Fils, ſans nom de
Graveur.

3R 347 1 Une Serenade de Famille dans un
Jardin, par P. *Clauwet.*

15 348 1 La même.

12 348 2° 1 La même.

12 349 1 Le même ſujet en taille de bois,
en deux pieces, par *C. J. Jegher.*

17 350 1 Le même.

4 . 5 351 1 Hercule qui aſſomme un Géant,
en taille de bois par *le même.*

10 . 5 352 2 Un Sujet de Payſans qui ſe battent, par *L. Voſterman.*

Un Feſtin de Soldats Flamands.

6 . 15 353 1 La Naiſſance d'Ereſicton , par P.
van Sompel.

354 1 Le même. 4 . 5
355 2 Achille à la Cour de Licomede, 13 . 10
reconnu par Uliffe, par *C. Viff-*
cher.
Le même, par *N Ryckmans.*
356 2 L'Alliance de Neptune & de Ci- 19
belle, épreuve point finie, par
P. de Jode.
La même, épreuve finie.
357 2 La même. 15 . 10
Pomone qui tient une Corne d'A-
bondance, par *van Keffel.*
358 3 Une Vieille qui allume une Chan- 15 . 10
delle.
La Vieille, le Soldat, la Signora
enfemble.
Une autre par *Panneels.*
359 4 *Curfus mundi,* par *vanden Wynga-* 10 . 5
erde.
Un Berger & une Bergere qui fe
tiennent la main, fans nom de
Graveur.
Deux culs de Lampe.
360 3 Une Vieille qui allume une Chan- 5 . 10
delle.
Deux autres.
361 6 La Vie de l'Enfant Prodigue en fix 9 . 5
feuilles.
362 4 Quatre bas-reliefs, le Triomphe de 5
Galatée, d'une Sirene &c. par
van Keffel.

6	10.363		Idem & quatre autres.
13	364	8	Trois Sujets de Seneque.
			Cinq autres.
13	365		Les mêmes.
			Neuf autres.
18	366	12	Têtes ou Buftes d'Empereurs & de Philofophes.
4	5.367	12	Les mêmes.
4.10	368	2	Mars & Venus.
			La contre-épreuve de cette piece.
79	369	25	La Gallerie du Palais de Luxembourg, en 25. pieces.
42	370	25	La même Gallerie.
5	370 2°	3	Un Plafond peint dans le Palais du Roi d'Angleterre, en trois feuilles, par *Simon Gribelin*.
10	371	1	Une Théfe où eft un S. François qui porte trois Boules fur fes épaules, par *Pontius*.
10	372	1	La même.
10	373	1	La même.
2.16	374	1	Une grande Théfe dédiée au Pape Urbain VIII. Repréfentant l'Affemblée des Dieux, par P. Pontius.
1.16	375	1	La même Affemblée des Dieux, fans Théfe.
4.5	376	1	Autre Grande Théfe dédiée à Louis XIII. le Roi y eft Repréfenté fur un char de Triomphe.
	377		

377   1 Autre grande Thése. *S. A. Bolf-*
          wert fc.
378 21 Un Livre à Deſſiner Contenant 21, 5 . 10
          feuilles y Compris le Titre.
379 43 Les Arcs de Triomphe de l'entrée *U*
          de l'Infant Ferdinand , enlumi-
          nés , en 43. pieces.

❀❀❀❀❀❀❀❀❀❀❀❀❀❀❀❀❀

P O R T R A I T S,

D'APRÉS P. P. RUBENS.

380   2 LE Portrait de P. P. Rubens, 5 . 15
          par *Pontius.*
          Autre Portrait de P. P. Rubens,
          en ovale.
381   3 Le Portrait de P. P. Rubens, par 9
          P. *Pontius.*
          Autre par *W. Hollar.*
          Autre ſans nom de Graveur.
382   3 Le Portrait de P. P. Rubens, par 4 . 13
          P. *Pontius.*
          Autre ſans nom de Graveur.
          Les Enfans de Rubens de la Galle-
          rie Royale de Dreſde, par *Daullé.*
383   La Famille de Rubens, gravé à 17 . 10
          Londres, par *Ardell*, maniere noire.
384   2 Le Portrait de Rubens & de van
          Dyck dans un grand Cartou-
          che, par P. *Pontius.*

C

La contré-épreuve de cette piece.

3 . 5 | 385 | 2 Les mêmes.

2 . 16 | 386 | 2 La Vue de la Maison de Rubens à Anvers.

Autre Vuë de cette Maison.

8 | 387 | 5 Le Frontifpice de l'Eglife des RR. PP. Jéfuites à Anvers.

Vuë de cette Eglife & de la Maifon Profeffe des RR. PP. Jéfuites.

La Tour de cette Eglife en trois pieces.

5 | 388 | 1 Le grand Portrait du Comte de Bucquoy, par *L. Vofterman.*

4 | 389 | 1 Le même Portrait.

3 | 390 | 2 Le même.

Le Portrait de l'Empereur Charles Quint.

7 . 10 | 391 | 1 Le grand Portrait du Comte Duc d'Olivares, par P. *Pontius.*

2 . 1 | 392 | 2 Le grand Portrait de l'Infante Ifabelle, par P. *Pontius.*

Autre en petit.

8 . 1 | 393 | 3 Le même Portrait.

Deux autres en petit.

4 | 394 | 2 Le Portrait de l'Archiduc Albert, par *J. Muller.*

Idem de l'Infante Ifabelle.

5 | 395 | 2 Les mêmes.

5 . 4 | 396 | 2 Les mêmes.

6 . 15 | 397 | 2 Philippe IV. piece ceintrée, par P. *Pontius.*

Elifabeth de Bourbon fa femme, par *le même.*

398 2 Les mêmes.   2 . 16

399 2 Ludovicus XIII. par *Louis.*   4 . 15

Anna Ludovici XIII. Conjux, par *le même.*   4

400 2 Charles Quint.

Elifabeth d'Eft.   3 . 5

401 2 Les mêmes.

402 2 Le Portrait du Prince Ambroife   8 . 15
Spinola, par J. *Muller.*

Beggue & Pepin enfemble, par *F. van den Steen.*

403 2 Les mêmes.   6 . 10

404 3 Le Portrait de Ferdinand à Cheval,   3 . 5
par P. *Pontius.*

Autre Portrait de Ferdinand à Cheval.

Vladiflas Sigifmond grand Duc de Pologne, par P. *Pontius.*

405 3 Les mêmes.   2 . 8

406 3 Chriftian IV. Roi de Dannemarc,   4
par J. *Muller.*

Deux autres.

6 Ifabelle Claire Eugenie.   16

Albert d'Autriche.

Maximilien Archiduc d'Autriche, par *Snyderhoef.*

hilippe IV. Roi d'Efpagne.

Elifabeth fa Femme

Anne Femme de Louis XIII. par *Louis.*

3   408 6 Gasperius Gevartius, par P. Pontius.

Le Prince Ferdinand à Cheval.

Un Portrait en clair-obscur, par C. Jegher.

Trois autres.

3 . 10 409 10 Portraits.

3 . 5 410 13 Portraits.

4 . 10 411 5 Portraits.

4 . 10 412 10 Portraits.

2 . 12 413 10 Portraits.

3 . 10 414 3 Portraits, P. *Soutman* effig. J. *Snyhoef fc.*

3. 415 17 Différens Portraits même grandeur en ovale de feuilles de Laurier & Chesne, avec attributs de Festons & chûtes de Fleurs, *Soutman* effig. & gravés par J. *Snyderhoef*, P. *van Sompel* & J. *Louis.*

S U J E T S

D E

C H A S S E S.

18 . 10 416 1 L A Chasse aux deux Lions, par P. *Soutman.*

1 . 417 1 La même.

2 418 2 La même Chasse, par *van Leeuw.*

La contre-epreuve de cette piece.

419 1 La Chasse aux deux Lions, par S. *15*
        Bolfwert.
420 1 La même. *11 . 10*
421 1 La même. *13*
422 1 La Chasse au Sanglier, par P. Sout-*18 , 18*
        man.
423 2 La même, par van Leeuw. — — *4*
        La contre-épreuve de cette piece.
424 1 La Chasse aux Loups, par P. Sout-*16*
        man.
425 1 La même. *18*
426 2 La même Chasse, par van Leeuw. *6*
        La contre-épreuve de cette piece.
427 2 La Chasse au Crocodile, par P. *19*
        Soutman.
428 1 La même. *19*
429 1 La même Chasse, par van Leeuw. *5*
430 2 La même. *4 , 5*
        La contre-épreuve de cette piece.
431 1 La Chasse au Sanglier, en deux *25*
        feuilles, par P. Soutman.
432 1 La même. *— 16*
433 1 La Chasse de Meléagre. *8*
434 2 La même. *8*
        La contre-épreuve de cette piece.
435 1 La Chasse aux trois Lions, par J. *14*
        Snyderhoef.
436 3 La Chasse de Diane aux Cerfs, gra-*16*
        vé à Londres par J. Goupi.
        La Chasse aux Lions & aux Tigres,
        par J. Moireau.

Combat de Cavallerie, par *Edelinck*.

2 . 6437 6 Quatre différens petits Sujets de Lions, par *Blotelingh*.

Deux autres, des Lions & Tigres, par *W. Hollar*.

S U J E T S.

D E

P A Y S A G E S,

E T T I T R E S

DE LIVRES HISTORIE'S &c.

D'APRES P. P. RUBENS

14 438 2 **G**Rand Paysage où la Vuë de Cadix.

Autre représentant Jupiter & Mercure, par *S. A. Bolswert*.

4 439 2 Les mêmes.

6 440 2 Les mêmes.

12. 15441 2 Les mêmes.

μ . 6442 2 Grand Paysage qui est la Vuë d'une Campagne de Malines.

Autre représentant la Chasse de Meleagre & d'Atalante, par *S. A. Bolswert*.

7 . 5443 2 Les mêmes.

444 2 Les mêmes.

445 2 L'Etable où il tombe de la Nei-
ge , par *P. Clouwet.*
Autre Etable remplie de Vaches
& de Chevaux, par *S. A. Bolſwert.*

446 2 Les mêmes.

447 5 Quatre petits Payſages , par *van*
Uden.
Un grand repréſentant une Chaſſe ,
par *S. A. Bolſwert.*

448 5 Les mêmes.

449 10 Différens Payſages , par *S. A. Bolſ*-
wert.

450 10 Autres Différens Payſages , par le
même.

451 4 Deux Payſages , l'un par *T. van*
Keſſel & l'autre par *J. Neefs.*
Une Danſe , par *L. Van Heïl.*
Une Marine , par *S. A. Bolſwert.*

452 10 Différens Payſages , par *S. A. Bolſ*-
wert.

453 10 Autres.

454 10 Autres.

455 11 Picces du Miſſel , par *Galle.*

456 11 Autres.

457 11 Autres.

458 10 Autres du Miſſel.

459 12 Vignettes du Miſſel.

460 12 Titres de Livres.

461 12 Autres.

462 12 Autres.

5 . 5 463 12 Autres.
5 . 464 12 Autres.
5 . 465 12 Autres.
4 . 15 466 12 Autres.

SUJETS

D'APRES

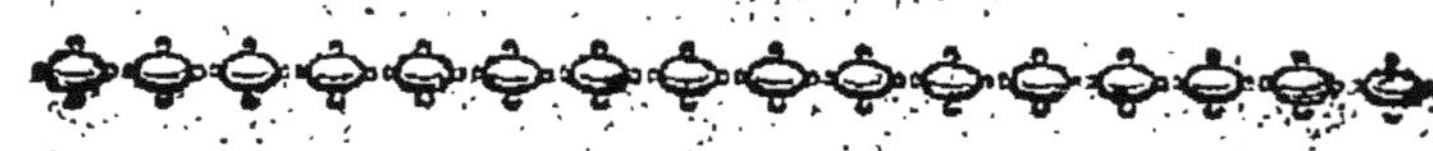

ANTOINE VAN DYCK

8 . 1 1 POrtement de Croix, en trois Morceaux, par *A. Voet*.

18 . 2 1 Un grand Crucifix, dont la main de St. Jean paroît sur l'épaule de la Ste. Vierge, par *S. A. Bolf-wert*.

16 . 103 1 Le même Crucifix.

7 . 54 1 Le même sans la main.

4 . 4 1 Le même.

2 . 25 1 Elevation de la Croix, par *S. A. Bolfwert*.

12 . 26 1 Autre Crucifix où se voit un S. Dominique, par *le même*.

3 . 7 2 Autre Crucifix où se voit un Capucin au bas de la Croix, par *de Bailliu*.

La Contre-épreuve de cette piece.

9 . 8 1 Jesus - Christ en Croix, trois Anges

reçoivent fon précieux Sang, par
    W. Hollar.

9 2 Un Chrift fur un fond obfcur. *8*
    Une Elevation de la Croix, par *S.*
      A. Bolfwert.

10 2 Les mêmes.   — *10 . 14*

11 2 Un Chrift entre les deux Larrons *6 . 10*
    par *S. A. Bolfwert.*
    Autre maniere, noire, par *B. Lens.*

12 2 Marche au Calvaire, par *Galle.* *10*
    Un Chrift mort, fur les genoux de
      la Sainte Vierge, par *P. Pon-*
      tius.

13 2 La même marche au Calvaire.   *2 . 18*
    Une Elevation de la Croix, par *S.*
      A. Bolfwert.

14 3 Un Crucifix en fond blanc, *Judeus 4 . 15*
    fec. Londini.
    Autre Crucifix, maniere noire, par
      J. Beckett.
    La Préfentation du Rofeau, gravée
      par *Van Dyck.*

15 1 J. C. mort foutenu par la Ste. Vier- *15 . 10*
    ge par *Caukerken.*

16 2 J. C. Couronné d'Epines, par *S. 10*
    A. Bolfwert.
    Un autre.

17 3 Un Chrift mort, par *S. A. Bolf- 4 . 15*
    wert.
    Un Autre, par *L. Vofterman.*
    Un Autre.

15   **18**   6 La Prise de Notre Seigneur au Jardin des Olives , par *P. Sout-man.*

Un Ecce Homo , par *L. Vosterman jun.*

Autre Ecce Homo.

La Présentation du Roseau , par *Van Dyck.*

Un Christ mort par *le même.*

Autre Christ mort, par *F. van de Wyngaerde.*

3 . 5 **19** 6 Un Christ mort , par *L. Vosterman.*

Autre, par *F. van de Wyngaerde.*

Quatre autres Sujets de Christ mort.

2 . 6 **20** 4 Piece, où est écrit , *Surge tolle grabatum ,* par *P de Jode.*

Jesus Appuyé sur le globe , par *P. de Jode.*

Salvator Mundi , par *S. A. Bolswert.*

Mater Dei , par *le même.*

1 . 5 **21** 2 Une Pentecôte , par *C. Caukerken.*

La contre - épreuve de cette piece.

1 . 10 **22** 6 Un Christ mort , par *L. Vosterman.*

La Présentation du Roseau , par *Van Dyck.*

Quatre autres différens Sujets.

2 . 4 **23** 2 Jésus embrassant S. Jean , par *de Jode.*

Une Vierge assise & le petit Jésus debout, par *P. Pontius.*

24 1 Autre Vierge affise dans un grand 4 . 10
      Payfage & plufieurs Anges, par
      S. A. Bolfwert.

25 2 La même. — — 4 . 3
      Une autre.

26 2 Autre Vierge affife, le petit Jéfus 4
      debout fur fes genoux, un An-
      ge qui tient une Couronne, par
      S. A. Bolfwert.

      Autre Vierge dans les Nuées, le
      petit Jéfus debout fur un monde,
      par *de Bailliu.*

27 2. Les mêmes. + 1 . 12

28 2 La même Vierge dans les nuées, 3
      par *T. van Keffel.*
      Autre Vierge, Jéfus, deux Anges,
      par *Caukerken.*

29 2 Autre grande Vierge, par *Sneyers.* 9 . 9
      Autre Vierge affife & le petit Jéfus
      dormant, par *S. A. Bolfwert.*

30 2 Autre Vierge, l'Abbé Scaglia à ge- 4 . 5
      noux, par *Wauman.*
      Autre Vierge & le petit Jéfus à
      qui elle donne le Sein, par *P.*
      Clouwet.

31 2 Autre Vierge, le petit Jéfus & *S.* 7 . 5
      Antoine de Padoue à genoux,
      par *E. Rouffelet.*
      Autre Vierge affife Confiderant le
      petit Jéfus, & un S. à côté qui
      tient une Palme, par *S. A Bolf-*
      wert.

5   32   3 La même Vierge considérant le pe-
                tit Jésus.
                Autre où est écrit *Dilectus meus,*
                par *Wauman.*
                Autre par *P. Pontius.*
3 . 10 33   2 Autre Vierge assise, le petit Jésus
                donne une Couronne de Fleurs
                à Sainte Rosalie, par *P. Pontius.*
                Une autre.
2   34   2 S. Augustin en extase, par *de Jode.*
                La Copie de cette piece.
       35   2 St. Bonaventure piece Ceintrée.
                S. Sebastien, par *van Schuppen.*
5 . 5 36   2 Les mêmes.
12 . 15 37   5 S. François, par *Vosterman.*
                S. Sebastien, par *le même.*
                Ste. Barbe, par *Van Dyck.*
                Un petit Sujet de Vierge, par *le même.*
                Un autre.
4   38   5 Une Nativité, par *J. L. Krafft.*
                Un St. Martin, par *le même.*
                La contre-épreuve de cette piece.
                S. François, par *le même.*
                S. Antoine, par *le même.*
6 . 5 39   5 La Magdelaine, par de *Jode.*
                Item, maniere noire, par *A. Blotelingh.*
                Autre, par *A. vander Docs.*
                Autre, par *Marinus.*
                Autre, par *Vosterman.*
4 . 10 40   4 Jésus embrassant S. Jean, par *A. de Jode.*
                S. Jerôme, par *Galle.*
                Deux autres.

41 4 Un Christ mort.
       Une petite Nativité, par *Franchoys*.
       S. Pierre, par *Blotelingh*.
       S. Paul, par *le même*.
42 8 La Vierge & S. Herman &c. par *P.*   6 . 5
       Pontius.
       L'Ange Gardien, par *Galle*
       Ste. Dorothée, par *le même*.
       Ste. Agathe.
       Quatre différens autres Sujets.
43 8 Différens Sujets de Saints. — —   6
44   J. C. & les douze Apôtres, par *Cau-*   3 . 5
       kerken.
45   Les mêmes.
46 18 Petites Têtes, par *T. van Keffel*.   3 . 10
                                              12 . 10
47 4 Trois Têtes, par *A. Blotelingh*.   4 . 15
       Le Portrait de Rubens, par J. *de*
       Viffcher.
48 4 Les mêmes.   —   4
49 2 Les deux grandes pieces de Renaud 11
       & d'Armide, l'une par *L. de*
       Bailliu, & l'autre par *de Jode*.
50 2 Dalila & Samfon, par *Snyers*. —   9 . 10
       La contre-épreuve de cette piece.
51   La même fans contre-épreuve.   2 . 10
52 2 Renaud couché aux pied d'Armide,   6
       par *de Jode*.
       Un Guerrier avec une Déeffe &
       deux petit Amours, par *Wauman*.
53 2 Le Pere Silene & des Bacchantes, par   4 . 15
       S. A. Bolfwert.

Le même Sujet, par *van den S-teen.*

2 Les mêmes,

2 La Reconnoissance d'Achille, par *F. van den Wyngaerde.*

Une autre.

3 Une Bacchanale.

Deux Enfans Couronnés de Fleurs & d'Epis, par *Bary.*

Autre Sujet, maniere noire.

4 Un Homme jouant de la Musette, par J. *Pesne.*

Une Femme endormie découverte par un Satire.

Le même Sujet gravure plus finie, vue de l'autre côté.

Le tems qui emporte l'Amour, maniere noire, par *Schenck.*

PORTRAITS

D'APRES

A. VAN DYCK.

2 CHarles I. Roi d'Angleterre, à Cheval, par *Lombart.*

Olivier Cromwel, aussi à Cheval, par *le même.*

1 Grande piece en large où sont deux

Figures debout à demi Corps,
au bas est écrit, *Filius hic mag-
ni est Jacobi &c.* par *R. van Voerst.*

60 1 Thomas Howart Comte d'Arundel, 4
    par *L. Vosterman.*

61 2 Ser. & Pot. Carolus 1. en grand 4
    par *P. de Jode.*
    Ser. & Pot. Henrica Regina, par
    le même.

62 2 Le Prince d'Orange Frederic Hen-3 , 10
    ry Comte de Naſſau , par *P.*
    Pontius.
    Henry Comte van den Berghe , par
    le même.

63 2 Les mêmes.   3 , 10

64 3 L'Infante Iſabelle en Religieuſe 4
    par *de Hondt.*
    Le Cardinal Prince Ferdinand , par
    P. Pontius.
    Charles Roi de la grande Bretagne,
    par *J. Snyderhoef.*

65 10 Portraits, gravés par *P. van Gunst,* 17
    avec le titre.

66 12 Portraits tous de même grandeur, 13 . 6
    gravés par *P. Lombart.*

67 6 Charles Roi de la grande Bretagne, 7 , 15
    par *J. Snyderhoef.*
    Henriette Marie ſa Femme , par *le*
    même.
    Iſabelle Infante d'Eſpagne en Re-
    ligieuſe, par *J. van Sompel.*

Marie Femme d'Henry IV. par le même.

Fran. de Moncade, par J. Snyderhoef.

Sigifmond III. Roi de Pologne, par le même.

68 2 Le Prince Albert Comte d'Arembergh à Cheval, par *P. de Bailliu.*

Le Prince François Thomas de Savoye, par *P. Pontius.*

1569 5 Le Portrait de A. van Dyck, maniere noire, par *J. van den Bruggen.*

Meftraeten Sindic de Bruxelles, par *J. F. Leonard.*

Ifabelle van Affche fa Femme, par le même.

Deux autres.

1070 3 Le Portrait du Titien avec fa Maitreffe, gravé par *Van Dyck.*

Nicolas van der Borcht, par *C. Vermeulen.*

Jacobus Roelandts, par *P. Pontius.*

1071 7 Différens Portraits.

872 7 Autres.

1873 7 Autres.

1074 10 Autres.

75 Un très-beau Recueil de 173. Portraits d'après *Van Dyck* avec 24. autres.

JACQUES

JACQUES JORDAENS.

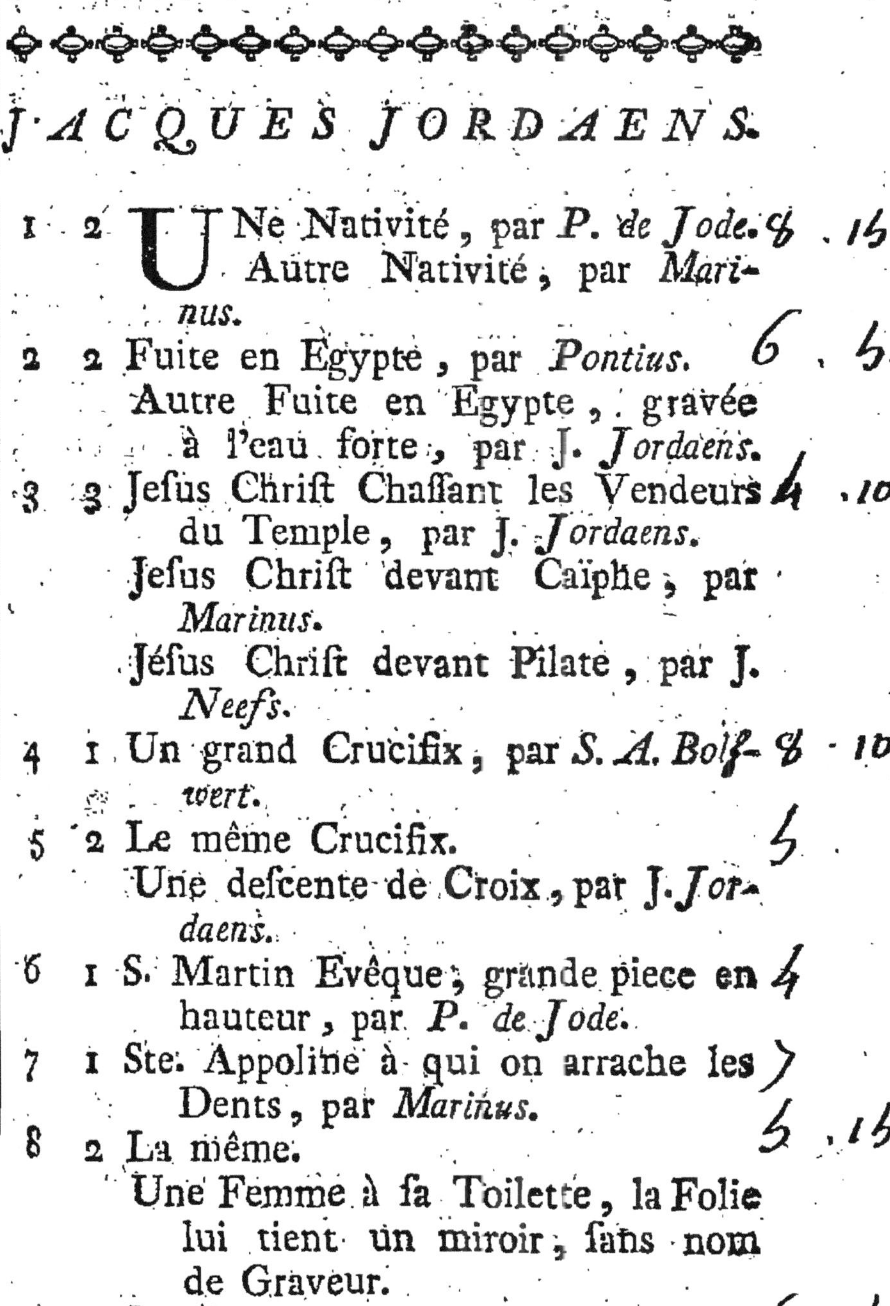

1	2	UNe Nativité, par *P. de Jode.*	9 . 15
		Autre Nativité, par *Marinus.*	
2	2	Fuite en Egypte, par *Pontius.*	6 . 5
		Autre Fuite en Egypte, gravée à l'eau forte, par J. *Jordaens.*	
3	3	Jesus Christ Chaffant les Vendeurs du Temple, par J. *Jordaens.*	4 . 10
		Jefus Christ devant Caïphe, par *Marinus.*	
		Jéfus Chrift devant Pilate, par J. *Neefs.*	
4	1	Un grand Crucifix, par *S. A. Bolf*wert.	9 . 10
5	2	Le même Crucifix.	5
		Une defcente de Croix, par J. *Jordaens.*	
6	1	S. Martin Evêque, grande piece en hauteur, par *P. de Jode.*	4
7	1	Ste. Appoline à qui on arrache les Dents, par *Marinus.*	7
8	2	La même.	5 . 15
		Une Femme à fa Toilette, la Folie lui tient un miroir, fans nom de Graveur.	
9	1	Le Roi Boit, par *P. Pontius.*	6 . 5

10 1 Argus gardant Io, & Mercure se
préparant à lui couper la Tête,
grande piece en largeur, par *S. A.*
Bolfwert.

11 2 La même Estampe.
Mercure coupant la Tête à Argus, par J. *Jordaens.*

12 2 Io arrêté par Jupiter, par *le mê-*
me.
Philemon & Baucis, donnant l'Hof-
pitalité à Jupiter & Mercure,
grande piece en largeur, par *N.*
Lauwers.

13 2 La même de Philemon & Baucis.
Un Payfan arrêtant un Bœuf par
la queue, par J. *Jordaens.*

14 2 Jupiter Enfant pleurant en montrant
un pot à une femme qui trait
une Chévre, par *S. A. Bolf-*
wert.
Jupiter Enfant nourri de lait de
Chevre, par *Jordaens.*

15 2 Le Dieu Pan garde des Chèvres &
des Moutons en jouant de la
Flûte, par *S. A. Bolfwert.*
Un Satire qui reçoit un Paffant
dans fa Grotte & l'invite à di-
ner chez-lui, par J. *Neefs.*

16 2 Le même Sujet d'une compofition
différente, par *L. Vofterman.*
Un Concert, *Soo d'oude fongen* &c.
par *S. A. Bolfwert.*

17 3 La Folie tenant un Chat dans la 4
    main, par *A. Voet jun.*
    La Folie tenant un Hibou, par *de*
    Jode.
    Un Berger & une Bergère, par **J**
    Neefs.

DAVID TENIERS.

1 5 **K**Ermeſſe de Village, pièce en 5 . 15
    largeur, par *Boel.*
    Payſans jouant à la Boule.
    Danſe de Village.
    Payſans qui tirent au Berceau.
    Payſans buvans & fumans.
2 6 Danſe de Village, par *Hollar.* 8 . 15
    Autre Danſe, par *Teniers.*
    Une Cuiſine.
    Une Etable.
    Une Tentation de S. Antoine, par
    F. van den Wyngaerde.
    Autre Tentation, par *Willems.*
3 7 Cinq Pelerins, par *Teniers.* 3 . 10
    Vieillard & ſa Femme comptant de
    l'argent, par *van den Steen.*
    Deux Fumeurs, par *Boel.*
4 5 Le Médecin conſidérant l'urine, par 4
    le même.
    Un Payſan jouant du Violon, par
    le même. D 2

Trois autres.

5   10 Sujets par *Boel.*

6   8 Autres.

7   8 Autres.

8   6 Autres.

9   6 Autres.

10 10 Autres.

11 3 Une Tempête de Mer, par *Krafft.*

Le Chateau de Teniers, par *le même.*

Un Payſage, par *le même.*

12 7 La Vuë, par *le Bas.*

Le Gout, par *le même.*

Le Toucher, par *le même.*

L'Odorat, par *le même.*

L'Ouie, par *le même.*

Le Siffleur de Linotte, par *le même.*

Le Remouleur, par *le même.*

13 2 La Tentation de S. Antoine, en largeur, par *le même.*

Autre tentation, en hauteur, par *le même.*

14 4 Les Amuſemens des Matelots, par *P. Chenu.*

Vuë de Flandres, par *le Bas.*

L'Arc-en-Ciel, ſeconde Vuë de Flandres, par *le même.*

Un autre.

15 5 Autres, maniere noire.

16 3 Un Sujet de Payſans dans une Cuiſine, d'apres *van Oſtade,* par *De viſſcher.*

Une Kermesse de Village.
Une autre.

- - -

GUIDO RENI.

1   5   LE Portrait de Guido Reni, *4*
par J. *Meyssens*.
S. Michel, par *P. de Bailliu*.
La Susanne, par *G. de Visscher*.
David, par *Rousselet*.
Judith, par *Du Puis*.

2   2   La Naissance de la Ste. Vierge, par *1 . 2*
Picart le Romain.
Une Annonciation, par *Rousselet*.

3   3   Une Nativité, par *Poilly*. *4*
Une Circoncision.
Le Massacre des Innocens.

4   3   Les mêmes. *1 . 13*

5   3   Fuite en Egypte, par *P. Poilly*. *2 , 6*
Autre fuite en Egypte, par *S. Bernard*.
Une autre.

6   4   La Ste. Vierge qui coud, Jésus dor- *1 . 8*
mant, par *Edelinck*.
Trois Sujets de Vierge.

7   4   Une Fuite en Egypte. *16*
Trois différentes Vierges.

8   4   Une Ste. Famille. *1 . 2*
La Vierge, le petit Jésus & S. Jean.

Deux Vierges.

2.8   9   4 La Vierge, l'Enfant qui dort, par *Poilly*.

Le même Sujet, par *le même*.

Le même, par *un autre*.

Un autre.

1   10   4 Différentes Vierges.

3.5   11   7 Un Repos en Egypte, dans un Paysage.

Autre Repos en Egypte.

Ste Famille.

Une Vierge.

Trois autres, maniere noire.

1.15   12   7 Jésus & S. Jean Baptiste, par *Rousselet*.

Six autres différens Sujets.

2.16   13   8 Autres petits Sujets gravés à l'eau forte, par *Guido*.

2.8   14   8 Autres.

2   15   8 Autres.

2.10   16   8 Autres.

2.10   17   8 Autres.

3.5   18   8 Autres.

2.8   19   8 Autres.

1.19   20   5 J. C. au Jardin des Olives, par J. *Falck*.

Un petit Portement de Croix.

La contre-épreuve de cette piece.

La Ste. Trinité en grand par *N. Dorigny*.

La même en petit.

21 2 Un Chrift en Croix grande piece *1*, 10
      par *Chereau*.
      Un autre plus petit.
22 5 Une Vierge de douleur.
      Quatre autres Sujets.   7
23 6 Une Affomption de la Vierge.
      Autre couronnée par deux Anges.
      Quatre autres Sujets de Vierge.
24 2 Un Chrift mort, grande piece, par 3 , 7
      J. *Frey*.
      Une Affomption, par *le même*.
25 4 La Tradition des Clefs à S. Pierre. 2 , 4
      S. Philippe de Nery, par *Gruetter*.
      Une Magdelaine, par *C. van Cau-*
        kerken.
      La même, par *un autre*.
26 4 Le Martyre de S. Pierre, par *Laft-* 1 , 4
      man.
      S. Barthelemi, par *Matham*.
      S. Jean Baptifte, par *Baret*.
      Une autre.
27 6 S. François, par *C. Bloemart*.   1 , 2
      Cinq autres.
28 4 La Vierge & plufieurs Saints. &c. 1 , 12
      S. André mené au Martyre & ado-
      rant fa Croix.
      Deux autres.
29 9 S. Antoine de Padoue à genoux ado- 2 , 4
      rant le petit Jéfus qu'il tient en-
      tre fes bras.
      S. Chriftophe.

S. Jérôme, en taille de bois, par *Coriolan*.

Autre S. Jérôme reſſuſcitant un enfant.

Cinq autres Sujets.

8 Autres.

10 Autres.

1 Le Char du Soleil, par *Paſqualinus*.

3 La Courſe d'Atalante & d'Hypomane, par *Piſca*.

Enlevement d'Helene, par *L. Deſplaces*.

Un autre Sujet.

1 La Victoire de Jupiter contre les Titans, en quatre feuilles, en clair-obſcur par *Coriolan*.

4 Hercule Tuant l'Hydre.
L'Enlevement de Dejanire.
Combat d'Hercule.
Hercule ſe jettant dans un Bucher allumé.

7 Mercure & Argus.
Six Sujets.

7 Erigone, par *C. Vermeulen*.
L'Enlevement d'Helene.
Cinq autres.

5 Lucrece, par *Du Puis*.
Quatre autres.

9 Autres.

8 Autres.

CYRUS FERRUS

ET

CARLO MARATTI.

1 8 Cupola della Chiefa di S. Agne-
      fe à Piazza Novona, &c. par
      Dorigny en huit feuilles y com-
      pris le Titre.

2 7 La même en fept feuilles fans Ti-
      tre.

3 2 Moïfe frappant le Rocher, par *A-
      quila*.
      Une autre Eftampe, par *le même*.

4 2 Même Sujet de Moyfe, par *Def-
      bois*.
      Autre, par *Aquila*.

5 3 Ste. Therefe, S. Auguftin, &c. par
      Blondeau.
      S. Philippe de Nery, par *de la
      Haye*.
      S. Antoine de Padoue, par *Blommaert*

6 2 Thefe dédiée à Clement X. en deux
      feuilles, par *Roullet*.
      Thefe dédié à l'Evêque de Munf-
      ter, par *le même*.

7 4 La Ste. Cêne, par *Vincentius*.

Ste. Famille, par *Farjat*.

Deux autres.

1 . 10 8   2 Moïfe Chatiant l'infolence des Paſ-
teurs, par *Aquila*.

La Réligion, la Croix d'une main,
le feu de l'autre.

2 . 189   3 La Vierge, Ste. Martine, Ste. Catherine &c. par *de la Haye*.

Cariolan, par *le même*.

Dirigor in prædam, par *Spierre*.

5 . 5 10   1 Ste. Famille dans un Payſage, un
Ange préſente à l'Enfant Jéſus les
Inſtrumens de la Paſſion, maniere noire, d'après *Carlo Maratti*, par J. *Smit*.

2   11   3 Une Nativité, par *F. Junants* d'a-
près *le même*.

Sujet pe Vierge, par *Picart le Romain*.

Une autre.

1 . 6 12   3 S. Charles à genoux, la Vierge en
Gloire, d'après *Carlo Maratti*,
par *Dorigny*.

Une Ste. Famille, par *Édelinck*.

Une autre.

4   13 10 Petits Sujets de Vierge, gravés par
Carlo Maratti.

JACQUES CALLOT.

1 3 LE Portrait de Jacques Callot, 18
par *M. Lasne.*
Idem de Claude, Chevalier &c.
Louis de Lorraine, Prince de Pfals-
bourg, à cheval.
2 1 Grand Sujet de Thése énigmatique 3 . 10
où paroit en l'air un Cheval
aîlé.
3 1 Autre Sujet de Thése, intitulé *Ju-* 12
bilatio Triumphi Virginis.
4 1 La Tentation de S. Antoine. — 3
5 1 La même. — — — 2 . 16
6 7 La même. — — — 2
Six petits Sujets de Saints. 1
7 4 Sujet de Thése, intitulé *Jubilatio* 1 . 6
Triumphi Virginis.
Le Miracle de S. Mansuite.
Le Massacre des Innocens.
Le petit Jésus à table.
8 17 La Vie de la Ste Vierge, Titre his- 6
torié, en 13. pieces.
Quatre autres.
9 5 Le Martyre de St. Laurent 2
— — — de S. Sebastien.
Les 23. Martyrs du Japon.
Le petit Jésus à table.

Le Paſſage de la Mer rouge.

1 . 6 10 Notre Seigneur, la Vierge, & les Apôtres, quinze pieces.

Les Myſteres de notre Seigneur & de la Ste. Vierge, il y a ſept ovales, ſept ronds, & ſix autres plus petits.

Le Maſſacre des Innocens.

1 . 18 11 19 La petite Paſſion en douze pieces.

La grande Paſſion en ſept pieces.

1 , 9 12 18 Le nouveau teſtament, en dix pieces.

Le Martyre de S. Sebaſtien.

Sept autres.

1 . 8 13 35 La petite Paſſion, en douze pieces.

La vie de l'Enfant prodigue, en onze pieces y compris le Titre.

La Vie de la Ste. Vierge, en dix pieces.

Un Catafalque ou la Chapelle funebre de Florence.

Un Evêque prêchant dans un bois.

1 14 18 La Vie de l'Enfant prodigue, en onze pieces.

Sept autres.

16 15 19 La petite Paſſion en douze pieces.

Sept autres.

2 - 4 16 1 La Foire de Florence.

1 . 9 17 1 La même.

1 . 18 18 3 La Ruë neuve de Nancy.

Combat de Viellane proche de Turin.

Une grande Chasse.

19 3 Les mêmes.   1 . 8
20 3 Le Parterre de Nancy.   1 . 8
       Une grande Chasse.
       La petite Fête du Village ou les
       Joueurs de Boules.
21 3 Les mêmes.   16
22 4 La Vue du Pont-neuf.   2 . 16
       Celle de la Tour de Nesle.
       Les Supplices, piece en longueur.
       Une autre.
23 7 Un Brelan, Sujet de Nuit en ovale.
       Six autres.
24 15 Les trois Pantalons.   18
       Les Egyptiens, en quatre pieces.
       Huit autres.
25 18 Les grandes miseres & les mal-   2 . 18
       heurs de la Guerre, en dix-huit
       pieces.
26 1 Le Siege de Breda, en six grandes   13
       feuilles avec une Table des Pla-
       ces & Choses principales y mar-
       quées.
27   Le même Sujet en trois feuilles.   1 . 8
28 1 Le Siége de l'Isle de Rhé, en six   10
       grandes feuilles, & pour les ban-
       des du haut & du bas il y a six
       morceaux & à chacun des côtés,
       quatre bande d'Ecriture.
29 12 La Noblesse, six figures d'Hommes   16
       & six de Femmes, & autres fi-
       gures dans le lointain.

16 30 12 Les mêmes.

1 . 10 31 25 Les Gueux de Callot en 25. pieces.

1 . 8 32 11 Le Combat à la Barriere en onze pieces.

2 33 38 Pieces de Caprice.

        12. Les Fantaisies en douze pieces y compris le Titre.

2 34 9 Paysages.

        Quinze autre Paysages.

DIFFERENS

M A I T R E S.

3 . 5 1 3 SUjets d'après *Raphaël d'Urbin*.

2 . 6 2 5 Autres d'après *Raphaël*.

2 . 19 3 4 Autres d'après le même.

1 . 8 4 5 Autres d'après le même.

1 . 19 5 6 Autres d'après le même.

1 . 9 6 6 Autres d'après le même.

1 . 12 7 27 Autres d'après le même.

3 . 15 8 5 Estampes d'après *Corégio*.

2 . 8 9 5 Autres d'après le même.

2 . 14 10 3 L'Enlevement des Sabines, d'après *P. Cortone*, par *Aquila*.

        S. Paul guéri de son aveuglément, par *Castellus*.

        La contre-épreuve de cette piece.

3 . 10 11 2 L'Enlevement des Sabines.

Autre Sujet de S. Paul gueri de son aveuglément.

12 2 Bataille d'Alexandre contre Darius 4 . 15
en deux feuilles, d'après *P. Cortone*, par *Aquila.*

Le Triomphe de Bacchus, par *le même.*

13 5 Sujets.   18
14 4 Estampes, d'après *Titien.* —   4
15 6 Autres d'après le même.   6
16 7 Autres d'après le même.   12
17 8 Autres d'après le même.   1 . 8
18 12 Autres d'après le même.   3
19 8 Autres d'après le même.   1 . 16
20 9 Autres d'après le même.   1 . 16
21 6 Portraits d'après *Titien.*   2
22 8 Autres Portraits d'après le même.   1
23 24 Payfages d'après *Titien.*   1 . 18
24 13 Payfages d'après le même.   8 . 5
25 4 Jéfus-Chrift dans le Jardin des Olives, d'après *Annibal Carrache*, par *L. Vofterman.*

Les trois Maries au Sepulchre, par *Roullet.*

J. C. mort, par *Pitau.*

Ste. Famille, par *Bloemaert.*

26 10 J. C. mort fur le Giron de la Vierge.   1 . 10

Neuf autres Sujets d'après *Carrache.*

27 6 Autres d'après le même.   1 . 10
28 8 Autres d'après le même.   3 . 3

1 . 18 29 13 Autres d'après le même.
1 . 10 30 30 Livre de Portraiture d'*Annibal Car-*
       rache, en 30. feuilles.
2 . 12 31 4 Estampes d'après *Paul Veroneze.*
3 . 10 32 2 Autres d'après le même.
2 . 18 33 2 Autres d'après le même.
2 . 12 34 3 Autres d'après le même.
2 35 3 Autres d'après le même.
3 . 10 36 4 Autres d'après le même.
2 . 12 37 4 Autres d'après le même.
1 . 8 38 5 Autres d'après le même.
16 39 4 Autres d'après le même.
18 40 7 Autres d'après le même.
18 41 8 Autres d'après le même.
2 . 16 42 3 Le grand Crucifix, d'après *Tinto-*
       ret, en trois feuilles.
       Deux autres.
2 . 4 43 5 Autres d'après le même.
10 44 3 Estampes d'après *Mola.*
2 . 16 45 5 Quatre d'après *F. Albani.*
       Une autre.
6 46 5 Sujets d'après *Paul Veroneze.*
14 47 10 Sujets d'après *Jule Romain.*
1 . 16 48 4 Une Adoration des Rois d'après
       F. Primatrice, en deux feuilles.
       Trois autres.
4 49 5 Un Sujet du Rosaire, d'après *Mi-*
       chel Ange Caravage, par *L. Vos-*
       terman.
       Quatre autres, par *le même.*
3 . 10 90 5 Une d'après *Paulus Farinatis.*
                               Quatre

		Quatre autres.		
51	3	Deux d'après *Polidore*.		2
		Deux d'après *Guarcin*.		
52	6	Deux d'après *Bassan*.	3	10
		Quatre autres.		
53		Quatre d'après *Joseph à Ribera*. 1		2
		Un Livre de Portraiture du *même*.		
54	5	Autres.	1	12
55	9	Trois d'après *Jule Romain*.		10
		Six autres.		
56	8	Autres.	2	6
57	8	Autres.	1	2
58	10	Deux de *Benedette Castiglioni*.	1	4
		Huit autres.		
59	8	Autres.	1	4
60	5	Autres.		1
61	9	Autres.		16
62	5	De *Pietro Testa*.	1	12
63	4	Autres.	1	12
64	4	Autres.	1	4
65	6	Estampes de *Claude Melan*.	2	15
66	6	Autres du *même*.		1
67	6	Autres du *même*.		16
68	1	La Sainte Face d'un seul trait. *Unicus una*.	3	5
69	6	De *C. Melan*.	2	9
70	6	Autres du *même*.	1	7
71	6	Autres du *même*.	1	2
72	6	Autres du *même*.	1	4
73	9	Autres du *même*.	2	6
74	6	Portraits de *C. Melan*.		15

E

1075   8 Autres Portraits du *même*.

4 . 676   2 Le Pont-Neuf, d'après *Van der Meulen*, en Trois feuilles, par *J. Huchtenburgh*.

Le Siege de Douay, par *Bauduvins*, en deux feuilles.

2 . 1077   2 Le Paſſage du Rhin, par *Simonneau*.

Entrée de la Reine dans Arras, par *Bonnart*.

2 . 1078   2 Entrée du Roi dans Dunkerke, en deux Feuilles, par *de Hooghe*.

Le Siége d'Audenarde, en deux Feuilles.

2 . 79   2 Vuë de la Ville de Calais, en deux feuilles, par *Bauduvins*.

Vuë de Dole en deux feuilles, par *le même*.

1 . 1080   2 Vuë de Luxembourg, par *Bonnart*.

Arrivée du Roi devant Douay, par *le même*.

2   81   2 Vuë de la Ville de Cambray, par *le même*.

Vuë de la Ville de Gray, par *Bauduvins*.

1 . 1682   2 Vuë de la Ville de Lille, en deux feuilles, par *le même*.

Vuë de Tournay, en deux feuilles, par *Cochin*.

2   83   2 Vuë de Courtray, en deux feuilles, par *Bauduvins*.

Arrivée du Roi devant Maſtrick, en deux feuilles, par *Bonnart.*

84　2 Vuë de la Ville de Gray, par *Bau-* 　8
duvins.

Vuë de Leau, par *Ertinger.*

85　2 Vue de la Ville de Dinant, par *Bon-* . 8
nart.

Vuë de la Ville de Salins en deux 8
feuilles.

86　3 Deux Batailles, par *Huchtenburgh.* 2 . 10

La Reine allant à Fontainebleau accompagnée de ſes Gardes, par *Bauduvins.*

87　4 Vuë du Chateau de Vincennes, par 2
le même.

Vue de Verſailles, par *le même.*

Autre Vue de Verſailles, par *le même.*

Une autre, par *le même.*

88　3 Vue de S. Omer, par *Bonnart.* 2 . 5

Vue de la Ville de Cambray, par *Ertinger.*

La Bataille du Mont Caſſel, par *Bonnart.*

89　20 Petits Sujets, d'après *vander Meu-* 4
len.

90　4 Le Portrait de Champaigne, par *Ede-* . 2
linck.

Du Prince Clement de Baviere, par *le même.*

De R. de Laury, par *le même.*

De Vander Meulen, par *van Schup-*
pen.

1 . 1291 18 - - de F. Leonard, par *Edelinck.*

- - de Jule Hardouin Manfart,
par *le même.*

- - autre par *le même.*

1 . 892 3 Autre Portrait de Jule Hardouin Manfart, par *le même.*

- - de Pierre Daniel Huetius,
par *le même.*

- - autre, par *le même.*

1 . 893 4 Le Portrait de Louis XIV. par *Dre-*
vet.

- - de Pierre N. Couvay, par le
même.

- - de Nicolas Largillierri, par
Du Puis.

- - de l'Évêque Cools, par *Ver-*
meulen.

1894 5 Autres Portraits.

1 . 1295 5 Autres.

1696 11 Autres Portraits.

1 . 1697 2 Moïse Frappant le Rocher, d'après
N. Pouffin.

Moïse expofé fur la Riviere dans un
panier de Jonc, d'après *le même,*
par *Simoneau.*

2 . 1298 3 Saphira tombant morte aux pieds de
S. Pierre, d'après *le même,* par
Pefne.

L'Apparition de Jefus Chrift à fes
Difciples d'après *le même.*

(69)

Le Veau d'Or, d'après *le même*,
par *Baudet*.

99   3 Moïſe foullant aux pieds la Cou-   1 , 10
ronne de Pharaon, d'après *le mê-*
me, par *Malboure*.

Aſſomption d'après *le même*, par
Pefne.

Une autre d'après *le même*.

100   3 Le Triomphe de Bacchus & d'A-   2 , 8
riane, d'après *le même*, par *Beau-*
vais.

La Peſte, d'après *le même*, par
Picart le Romain.

Une autre d'après *le même*.

101   3 Autres d'après *le même*.

102   5 Autres d'après *le même*.   16

103   Le Plafond du grand Eſcalier du   6 . 5
Chateau de Verſailles, d'après
Le Brun, par *Simoneau & Bery*,
en huit grandes feuilles y compris le Titre.

104   8 Les Batailles d'Alexandre, en huit   10 . 5
pieces, d'après *le Brun*.

105   Une Deſcente de Croix, d'après *le*   18
même.

Une autre.

Caracteres de Paſſions, gravées ſur
les Deſſeins de *Le Brun*.

106   Plafond de la grande Gallerie du   7
Palais Royal, en quatre feuil-
les, d'après *Coypel*, par *Tardieu*.

Les Tableaux de la Voute de la Grande Gallerie dudit Palais, en quatre feuilles, d'après le *même*, par *Tardieu*, *Picart* & *Beauvois*.

3 · 18 107 3 Estampes d'après *Coypel*.

108 22 L'Histoire de Dom Quichotte, d'après *le même* en 22. pieces, par *Tardieu*, *Surugue*, *Cochin* & autres.

1 · 8 109 3 Un Crucifix, d'après *le même*, par *Duflos*.

Une Résurrection d'après *le même*, par *Audran*.

Une autre.

1 · 12 110 2 Bacchus & Ariane, inventé & gravé par *Coypel*,

Un Bacchanale d'après *le même*, par *N. Chateau*.

1 · 8 111 2 Venus sur les Eaux, d'après *le même*, par *Desplaces*.

Une autre.

1   112 3 Autres d'après *le même*.

1 · 18 113 6 Estampes d'après *le Clerc*.

1 · 12 114 4 Estampes de différens Maîtres.

4   115 4 Autres.

2 · 15 116 5 Autres.

1 · 8 117 6 Autres.

2 · 6 118 5 Autres.

5 · 5 119 6 Autres.

1   120 4 Autres.

14 121 8 Autres.

122 10 Autres.
123 8 Autres.
124 8 Autres. — — — — 1 . 6
125 10 Autres.
126 10 Autres. 2 . 14
127 10 Autres. — — — 3
128 Expreſſions des Paſſions de l'Ame, 1 . 4
d'après *Le Brun*, en 20. feuilles
y compris le Titre.
Un Livre de Portraiture en 18.
feuilles.
129 25 Petits Payſages, par *le Clerc*. 1 . 16
130 33 Petits Sujets du *même*. — 1 . 12
131 33 Petits Sujets. — — — 18
132 12 Vues de Marrottes. — — 18
133 20 Différentes Vues, d'*Iſrael Silveſtre* 2 . 15
134 40 Trente-huit Payſages de *Perelle*. 2 —
Deux Autres.
135 19 La Ste. Vie de la Vierge, par *Albert* 1 . 19
Durer, en 19. pieces.
136 36 *Hiſtoria Paſſionis Domini Jeſu Chriſ-* 16
ti, par *le même*, en trente-ſix
pieces.
137 26 Autres du *même*. — — 6
138 6 Eſtampes d'après *G. Seghers*. — 4 . 15
139 9 Autres d'après *le même*. — 2 . 14
140 8 Eſtampes de *Rembrant*, van *Vliet*
& *Livens*.
141 1 Une Conversation vulgairement 5 . 15
nommée *den piſſende jonghe*, ma-
niere noire, d'après *Weenix*,
par *N. Vercolie*.

142 1 Le Siecle d'Or d'après *Bloemart*, par
      N. de Bruin.

143 3 La même Estampe.
      Deux autres.

144 12 Saints, d'après *Bloemart.*

145 6 Différens Animaux, par *Bloe-*
      mart.
      Six autres

146 10 Autres.

147 14 Estampes de *Schut.*

148 3 Estampes, par *N. de Bruyn.*

149 3 Autres par *le même.*

150 3 Autres par *le même.*

151 3 Autres par *le même.*

152 3 Autres par *le même.*

153 3 Autres par *le même.*

154 3 Autres par *le même.*

155 3 Autres par *le même.*

156 8 Petits Sujets par *le même.*

157 3 Estampes.

158 10 Autres.

159 10 Autres.

160 7 D'après *Champaigne & Crayer.*

161 12 Autres.

162 14 Estampes de *Goltius & de Vrise.*

163 5 Autres.

164 21 Autres.

165 11 Estampes de *Romain de Hooghe.*

166 12 Huit Vues de Rome.
      Quatre autres.

167 11 Les quatre Saisons de *Mompere.*

Cinq Payſages de *Millé.*
Deux autres de *Genoels.*

168 14 Payſage de *Breugel*, par *Hollars* &4 . 1
   autres.

169 12 Les 12. mois de l'Année, d'après 5
   Paul Bril.

170 5 Deux Payſages, par *de Bruyn.* 2
   Trois autres, d'après *Breugel*, par
   Hollar.

171 15 Payſages par *le même.* 1 . 16
172 12 Autres par *le même.* 1 . 14
173 29 Payſages de *Mat. Bril.* 1
174 30 Payſages de *Vandé Velde* & autres. 1 . 14
175 24 Payſages de différens Maîtres. 1 . 2
176 18 Payſages de *J. van Goyen* & au 4 . 10
   tres

177 20 Différens Animaux de *Dujardin*, 1
   Roos & autres.

178 20 Autres. 1 . 14
179 20 Diverſes Vues & autres imprimées 6
   en couleur.

180 17 Autres. 3 . 5

LIVRES

RELIÉS.

26 1 POmpa Triumphalis introitus Ferdinandi Âuſtriaci Hiſpaniarum In-
fantis &c. in urbem Antverpiam de
Rubens, per *van Tulden.*

13 2 Introitus Ferdinandi Hiſpaniarum In-
fantis in Flandriæ Metropolim Gan-
davum

11 · 10 3 Palazzi moderni di Genova, Raccol-
ti è Deſſignati de *Pietro Paolo Rubens*.

31 · 10 4 Recueil de 126. Eſtampes, de *Simon
Vouet*.

9 5 Eerſte beginſelen der Tekenkunſt, *van
Abraham Bloemart.*

3 · 16 6 Différentes Vues des Jardins, Fontai-
nes &c.

3 · 3 7 Théatre moral de la Vie humaine,
par *Octavio Venius*.

4 8 Sentimens des plus habiles Peintres ſur
la pratique de la Peinture & Sculp-
ture, par *H. Teſtelin* Peintre du Roi.

4 · 5 9 Recueil de 58. Eſtampes de *Willem
Baurn*.

2 · 8 10 Les douze Apôtres, d'après *Lanfranc*,
par *F. de Louvemont.*

11 Recueil de 81. Payſages de *P. Bril* 15
par *Stephani & autres*.

12 Les proportions du Corps humain, mé-
ſurées ſur les plus belles Figures de
l'Antiquité.

13 Différentes Vues de la Haye, Amſterdam & autres, par *J. van Call*.

14 L'Architecture à la mode, où ſont les
nouveaux Deſſeins pour la décora-
tion des Batimens & Jardins, par
les plus habiles Architectes, Sculp-
teurs, Peintres, Menuſiers, Jardi-
niers & Serruriers &c. en trois tomes.

15 Galeriæ Farneſianæ icones Romæ in
Ædibus S. Ducis Parmenſis, ab *Anni-
bále Carracio*, Coloribus expreſſæ.

16 Entrée de Marie de Médicis dans la
Ville d'Amſterdam, en Brochure.

17 Collection de 92. Eſtampes de *Rubens.* 20

18 Autres Collection de 360. Eſtampes de 4
différens Maîtres.

19 Recueil de différentes Vues des plus 10
beaux Lieux de France & d'Italie,
en 282. Eſtampes, par *Perelle*.

Et Pluſieurs autres.

PLANCHES

EN

CUIVRE,

D'APRES P. P. RUBENS.

29 · 101 Mars & Venus, sans nom de Graveur, haute 15. Pouces, large 18. P. 4. Lignes.

41 2 Boreas enlevant Eritie, sans nom de Graveur, haute 13. P. 6. L. large 12. P. 2. L.

18 3 Notre Seigneur glorieux sur son Tombeau, par *Eyndovits*, haute 9. P. 1. L. large 10. P.

42 4 Le Baptême de Notre Seigneur, par *Lommelin*, haute 18. P. 2. L. large 13. P. 6. L.

20 5 La Vierge & S. Joseph cherchant Jesus Christ, sans nom de Graveur, haute 18. P. 2. L. large 13. P. 5. L.

7 · 106 St. Jean Evangeliste, sans nom de Graveur, haute 7. P. 6. L. large 5. P. 6. L.

CATALOGUE

D'UNE TRES-BELLE

COLLECTION

D'ESTAMPES,

De Rubens, Van Dyck, Jordaens, Teniers, Callot & autres fameux Maîtres
Italiens, François & Flamands.

*Assemblées depuis longues Années, & Dé-
laissées par Monsieur* J. A. J.
SIREIACOB, Ecuyer &c.

Qui se Vendront publiquement & au plus
haut offrant en Argent de Change, dans
sa Maison mortuaire ruë de l'Evêque à
Bruxelles, Lundi le 27. Août 1764. &
jours suivans, à neuf heures le matin,
& à deux heures l'après-midi.

A BRUXELLES,

Chez H. VLEMINCKX, Imprimeur-
Libraire, Rue des Chapeliers,
où les *Catalogues* se distribuent.

ON commencera la Vente par le dernier Nombre des Eſtampes, fol. 73. & on continuera en remontant juſqu'au premier Nombre, fol. 1, après on Vendra les Livres Reliés, & les Planches en Cuivres.